Thomas Lo Coco

Akzeptanz von E-Payment

Thomas Lo Coco

Akzeptanz von E-Payment

GRIN Verlag

Bibliografische Information der Deutschen Nationalbibliothek: Die Deutsche Bibliothek
verzeichnet diese Publikation in der Deutschen Nationalbibliografie; detaillierte bibliografische Daten sind im Internet über http://dnb.d-nb.de/ abrufbar.

1. Auflage 2007
Copyright © 2007 GRIN Verlag
http://www.grin.com/
Druck und Bindung: Books on Demand GmbH, Norderstedt Germany
ISBN 978-3-638-94599-8

Fachhochschule
Frankfurt am Main

Akzeptanz von E-Payment

Bachelor-Thesis

Im Studiengang Wirtschaftsinformatik

Autor: Thomas Lo Coco

Abgabedatum: 20. September 2007

Management Summary

Die vorliegende Bachelor-Thesis behandelt das Themengebiet E-Payment-Systeme. Um einen Überblick zu erlangen wird zunächst E-Payment im Allgemeinen erläutert. In diesem Zusammenhang wird ebenso ein Einblick in verschiedene Online-Zahlungsverfahren sowie Sicherheitsmechanismen gegeben und anschließend die damit verbundenen Anforderungen dargestellt. Im Folgenden werden drei erfolgreiche Beispiele für E-Payment-Systeme vorgestellt, wobei M-Payment in einem gesonderten Kapitel behandelt wird. Wie der Titel der Arbeit verspricht, wird besonders auf die Akzeptanzkriterien bzw. Ansprüche der Kunden eingegangen, die diese an E-Payment stellen. Weiterhin wurde ein Fragebogen erstellt, anhand dessen der Bekanntheitsgrad und die Akzeptanz der entsprechenden E-Payment-Systeme ermittelt werden sollte. Abschließend werden in Verbindung mit der Auswertung des Fragebogens Schwachstellen herausgearbeitet und Verbesserungspotentiale ausgemacht.

Schlagwörter

E-Commerce, Bezahlsystem, E-Payment, M-Payment, Akzeptanz und Sicherheit von E-Payment

Inhaltsangabe

Abbildungsverzeichnis

Abkürzungsverzeichnis

EPS	Elektronic Payment System
B2B	Business to Business
C2C	Consumer to Consumer
B2A	Business to Administration
POS	Point of Sale
TAN	Transaction Number
PIN	Personal Indentification Number
SSL	Secure Socket Layer
SET	Secure Electronic Transfer
HBC	Homebanking Computer Interface
WAP	Wireless Application Protocol
UMTS	Universal Mobile Telecommunication System
RSA	Benannt nach Entwicklern Rivest, Shamir, Adleman
DES	Data Encryption Standard
SHTTP	Secure Hypertext Transfer Protocol
SSL	Secure Sockets Layer

1. Einleitung

Der Gedanke Güter und Dienstleitungen mit Hilfe der Telekommunikationstechnik zu vertreten ist schon längere Zeit aktuell. Seit Ende der 1970er Jahre versuchte man mittels Computernetzwerken ein System aufzubauen, welches elektronische Erwerbsmöglichkeiten bereitstellen sollte. Erst das Internet brachte jedoch den Fortschritt. In den 1990er Jahren sahen mit der Internet-Euphorie zahlreiche Analysten bereits ein Ende von traditionellen Zahlungsverfahren und –instrumenten. Mit immensem Marketingaufwand wurden zu dieser Zeit E-Payment-Systeme, kurz EPS, gepusht und auf den Markt gebracht. Diese sollten die sog. E-Payment-Evolution einleiten. Weg von der physischen- , hin zu der elektronischen Geldbörse. Fast ausnahmslos scheiterten E-Payment-Systeme der ersten Generation. Diese waren zumeist technisch ausgereift und voll funktionsfähig, scheiterten jedoch an der kritischen Masse der Händler und Käufer. Diese ist eine notwendige Voraussetzung für eine positive Rückkopplung, welche durch den Netzeffekt erreicht wird. Ohne diesen Netzeffekt, kann kein EPS erfolgreich bestehen. Mitentscheidend ist nicht nur die Kundenzahl, sondern auch die Nutzungshäufigkeit.[1]

Im Mittelpunkt der Etablierung eines erfolgreichen EPS steht vor allem die Schaffung einer breiten Akzeptanz von potentiellen Käufern. Diese Akzeptanz wird erst durch Schaffung von Sicherheit und Vertrauen erreicht, sowie Benutzerfreundlichkeit und Kompatibilität.

Obwohl die optimistischen Prognosen der 90er Jahre nicht eingetroffen sind, sind trotzdem beachtliche Steigerungen des Transaktionsvolumens Jahr für Jahr zu verzeichnen. Laut der ARD-Online Studie des Jahres 2007 sind heutzutage im Schnitt nahezu 60 % aller Bundesbürger Nutzer des Internet. Von den 14 bis 29 Jährigen sogar schon knapp 95 %.[2] Man kann in diesen Zahlen sehr gut das Potential und die Rolle des Bezahlens über das Internet erkennen, besonders bei der jüngeren Generation, die allerdings noch nicht die entscheidende Wirtschaftskraft besitzt.

Die vorliegende Arbeit untersucht das Kaufverhalten der Kunden im E-Commerce. Der Schwerpunkt liegt hierbei auf dem Business-to-

---

[1] Vgl. Lammer, Thomas: Handbuch E-Money, E-Payment & M-Payment, 2005, S. 2
[2] Vgl. http://www.daserste.de/service/onlinestudie-2007-vorab.pdf, Abruf 02.06.2007

Comsumer-Bereich (B2C). B2C zielt dabei auf den Online-Handel zwischen Händler und Personen ab. Transaktionen sind im diesem Bereich, anderes als im B2A oder B2B, eher durch Spontankäufe und kleine bis mittelgroße Transaktionsvolumina gekennzeichnet.[3] Die Arbeit versucht des Weiteren auf die Zukunftsaussichten des E-Payment einzugehen und beurteilt und wertet eine selbst erstellte Umfrage aus. Weiterhin werden drei erfolgreiche Systeme exemplarisch dar. Wie schon der Titel der Arbeit verdeutlicht, wird insbesondere auf Akzeptanzkriterien von EPS, von Händlern und Käufern in der Ausarbeitung und dem Fragebogen eingegangen, sowie auf die Voraussetzungen für die Schaffung eines innovativen und erfolgreichen E-Payment-Systems. Es wurde bewusst auf die Berücksichtigung von rechtlichen und wirtschaftlichen Rahmenbedingungen verzichtet. Diese beinhalten die Binnenmarkt-Situation sowie das Europäische Recht, welche durchaus die Vorbedingungen für voll funktionierende EPS setzten müssen.

Der Gang der Untersuchung lief folgendermaßen:
Zunächst untersucht diese Arbeit E-Payment und dessen Verfahren im Allgemeinen. Hierzu wurde aus mehren Quellen recherchiert und das Ergebnis zusammengefasst. Um die aktuelle Akzeptanz von E-Payment in unserer Gesellschaft zu untersuchen, wurde eine Umfrage in Form eines Fragebogens erstellt. Dieser bezog sich auf die Sicht der Verbraucher bzw. der Kunden und wurde aus diesem Grund auch nicht an Händler weiter gegeben. Ich möchte ausdrücklich betonen, dass bei dieser Umfrage bzw. bei der Wahl der Teilnehmer das Zufallsprinzip nicht gewahrt wurde, da der Fragebogen nicht an zufällig ausgewählte Personen verteilt wurde, d.h. er spiegelt nicht alle Altersgruppen und Schichten unserer Gesellschaft dar. Genaueres zu diesem Fragebogen und der Auswahl der Befragten kann in Kapitel 7 eingesehen werden. Das Ergebnis der Unfrage wurde genauer beleuchtet und die wichtigsten Erkenntnisse zusammengefasst. Zudem wird in einem gesonderten Kapitel auf Kreditkarten eingegangen Zudem wird in einem gesonderten Kapitel auf das Thema Kreditkarte eingegangen, da diese Zahlungsart immer noch das meist genutzte E-Payment-System darstellt.

---

[3] Vgl. Merz, Michael: E-Commerce und E-Business, 2002, S. 3

3

2 Die Entwicklung von E-Payment in Verbindung mit E-Commerce

Während der Einzelhandel in Deutschland seit vielen Jahren stagniert, verzeichnet E-Commerce nach wie vor kräftige Zuwächse und ein Ende des Wachstums ist nicht absehbar. Damit bleibt der Internet-Zahlungsverkehr ein Wachstumsmarkt.[4] Trotz vieler scheiternder Unternehmen lockt die E-Payment-Branche weiterhin mit neuen Anbietern, verschiedenster Varianten. Jedes Kundenbegehren wird von neuen Anbietern versucht zu befriedigen. Das Umsatzpotenzial scheint nach oben hin unbegrenzt.

Waren zunächst Imagegründe für eine starke Präsenz der Unternehmen im Internet verantwortlich, haben diese Unternehmen mittlerweile erkannt, dass die Nutzung des Internets auch die Chance zur Erlangung von Wettbewerbsvorteilen nach sich zeiht. Besonders auf eine Vergrößerung des Absatzpotenzials. Das Internet ermöglicht eine kontinuierliche Marktpräsenz, da Kunden unabhängig von Ladenöffnungszeiten auf Angebote und Informationen zugreifen können. Darüber hinaus lassen sich After-Sale-Services und Individual-Marketing effizient und abgestimmt steigern. [5] E-Commerce beinhaltet neben Online-Marketing und Distributionspolitik hauptsächlich den Handel von Gütern und Dienstleistungen über das Internet. EPS dienen hier als Instrument des Transfers von Geld von Verkäufer und Käufer im E-Commerce. In diesem Bereich wird der Erwerb von Gütern über Landesgrenzen hinaus eine immer wichtigere Rolle spielen.

3. E-Payment-Abgrenzung

3.1 Allgemeine Definition

Beim elektronischen Bezahlvorgängen (engl. „E-Payment") geht man von Mehr-Partei–Modellen aus, bei denen nicht so sehr die Beziehung zwischen Bank und Kunde im Vordergrund steht, sondern die Einleitung einer Zahlung für ein im Internet oder mobil erworbenes Produkt oder

---

[4] Vgl. Lammer, Thomas: Handbuch E-Money, E-Payment & M-Payment, 2005, S. 307
[5] Vgl. Merz,, Michael: E-Commerce und E-Business, 2002, S. 460

4

Dienstleistung, welche nicht mit Bargeld bezahlt wurde. In diesem Sinne, also bezogen auf diesen beabsichtigten Bezahlprozess, lässt sich eine Definition für elektronische Bezahlsysteme formulieren. Diese Systeme sind Verfahren, die es ermöglichen, für den Bezug von Gütern und Leistungen eine Gegenleistung über elektronische Netzwerke zu erbringen und deren Ziel allein die Herstellung der Zahlungsfähigkeit von Produkten ist, werden als E-Payment-Systeme bezeichnet.[6]

Grundsätzlich gibt es zwei Möglichkeiten im Internet Güter oder Dienstleistungen zu kaufen. Einmal durch traditionelle Offline Systeme, wie die Zahlung per Nachnahme, durch Vorauszahlung oder Rechnung, oder mit einer Bezahlung durch E-Payment-Systeme. Bei letzterer Gruppe, auf welcher in dieser Arbeit das Hauptaugenmerk liegt, kann man diese Systeme in 4 Klassen einteilen[7]:

- Internetfähige Zahlungsinstrumente des Giroverkehrs: Diese beinhalten eine Weiterentwicklung des Giroverkehrs für die Nutzung im Internet. Beispiele hierfür sind Scheck, Lastschrift, Überweisung oder Kreditkarte.
- E-Geld (Chipkartenbasiert): Chipkarten, welche im Internet eingesetzt werden können.
- Virtuelle Guthaben-Konten: Beispiele hierfür sind sog. Scratch Cards oder virtuelle Konten bei Serviceprovidern.
- Inkasso-Systeme: Diese Systeme setzen v.a. im Micro-Payment-Bereich an (siehe Punkt 3.2.2). Hierbei steht die Vermeidung von Transaktionskosten im Mittelpunkt, indem nicht jeder Geschäftsvorfall separat abgerechnet wird, sondern erst durch Sammelrechnungen erfolgen.

6 Vgl. Danneberg, Marius, Ulrich Anja: E-Payment und E-Billing, 2004, S. 27
[7] Vgl. Prof. Dr. Axel Schwickert, Universität Giessen, E-Payment-Systeme, S. 104

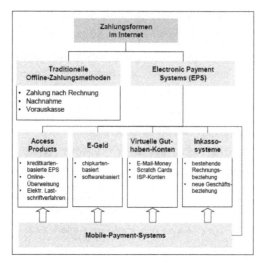

Abbildung 1: Kategorisierung von EPS I[8]

Eine weitere Unter-Kategorisierung ist anhand folgender Kriterien möglich:

- Regionale Verbreitung (national oder international)

- Anwendungen (E-Commerce, M-Commerce, POS)

- Höhe des Transaktionsbetrags (Pico-, Micro-, Macropayments)

- Branchenzugehörigkeit des Betreibers (Bank, Kreditkarten- und Telekommunikationsunternehmen, etc.)

- Zeitpunkt der Belastung des Kundenkontos

Es ist anzumerken, dass es bei E-Payment nicht primär darauf ankommt, neue Speichermedien für Geld zu finden, sondern vielmehr darum, die Zahlungsfähigkeit in elektronischen Netzwerken wie das Internet zu ermöglichen.

3.2 Zeitpunkt der Belastung

Anhand des Zeitpunkts der Belastung des Kundenkontos, können Zahlsysteme in Prepaid-, Pay-Now- und Pay-Later-Systeme eingeteilt

---

[8] Vgl. Prof. Dr. Axel SchwickertSchwickert : E-Payment Systeme - Funktionsweise, Marktüberblick, Bewertung, Elektronische Ressource: URL: http://geb.uni-giessen.de/geb/volltexte/2006/2878/ , Universität Giessen: 2006

6

werden.[9] Konkrete Bespiele werden in den Unterpunkten sowie in Abbildung 2 dargestellt.

3.2.1 Pre-Paid-Verfahren

Der Kunde erwirbt hierbei eine Art vorausbezahlten Gutschein. Diese befähigt ihn Güter im Internet zu einem beliebigen Zeitpunkt zu erwerben. Der Vorteil für den Kunden ist hierbei die Anonymität. Der Nachteil liegt im möglichen Zinsverlust. Es wird wiederum in Hardware-basierte- und Softwarebasierte Pre-Paid-Systeme unterschieden. Beispiele Hardware-basierter Systeme sind die Geldkarten (siehe Kapitel 5.1) oder @Quick. Beispiele Software-basiereter Systeme sind die Paysafecard (siehe Kapitel 5) oder WEB.Cent.

3.2.2 Pay-Now-Verfahren

Diese Systeme zeichnen sich dadurch aus, dass die Belastung des Kundenkontos exakt zum Zeitpunkt des Kaufs erfolgt. Es ist somit keine Zwischenlagerung des Geldes nötig. Dieses Verfahren, ebenso wie das Pre-Paid-Verfahren, bergen erheblich weniger Risiko für den Verkäufer und sind somit eher in seinem Interesse. Anwendungsbeispiele hierfür sind die Bezahlung per Nachnahme, das traditionelle Offline-Zahlungsverfahren, welches sich weiterhin großer Beliebtheit bei Kunden sowie bei Online-Händlern erfreut. Weitere Systeme, welcher dieser Anwendung unterzuordnen sind, sind PayPal (siehe Kapitel 5.2) oder die Online Überweisung, das Pendant zur papiergebundenen Überweisung.

3.2.3 Pay-Later-Verfahren

Hierbei ist die Bezahlung des Gutes zeitlich nachgelagert. Somit ist die Zahlung reell eine Zahlungsanweisung. Hierbei liegt dem Käufer defacto ein vom Händler finanzierter Kredit vor. Die Gefahr, vom dem Transaktionspartner betrogen zu werden, liegt bei dem Händler. Er geht von einer hohen Bonität des Käufers aus. Konkrete Beispiele hierfür sind die Zahlung mit der Kreditkarte, Überweisung nach Lieferung oder Zahlung per Rechnung, Click&buy, oder T-Pay von T-Com.

---

[9] Vgl. Prof. Dr. Axel Schwickert, Universität Giessen, E-Payment-Systeme, S. 98

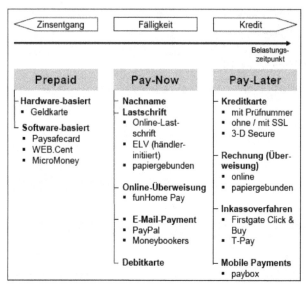

Abbildung 2 : Kategorisierung von EPS II[10]

3.2.4 Höhe des Transaktionsvolumens

Mit steigendem Zahlungsbetrag geht die Bedeutung der Transaktionskosten zurück. Wohingegen die Sicherheitsanforderungen steigen. Aus diesem Grund haben sich einige Payment-Systeme auf bestimmte Arten bzw. Höhen von Abrechnungsbeträgen spezialisiert. Eine Unterscheidung ist wie folgt möglich. Die Grenzen sind nirgends verbindlich definiert. Man kann jedoch ein allgemein gültiges Schema übernehmen.

Hierbei sind die Transaktionsbeträge in drei Gruppen zu unterscheiden:

- **Picopayment**
  Diese Zahlungsbeträge betreffen Abrechnungen unter einem Wert von unter 0,10 €. Betroffene Waren sind hierbei hauptsächlich von digitaler Form, z.B. Online-Zeitungsartikel oder kleinere Videos.

- **Micropayment**
  Über Micropayment spricht man ab einem Transaktionsvolumen von über 0,10€ bzw. unter 10 €. Diese werden ebenfalls fast

---

[10] Vgl. Lammer, Thomas : Handbuch E-Money, E-Payment & M-Payment, Heidelberg: Physika-Verlag 2005, Seite 59

8

ausschließlich zur Abrechnung von digitalen Gütern wie z.b. Musik-Downloads, Zugang zu Online-Premium-Mitgliedschaften oder Testberichten verwendet.

- **Macropayment**
  Als Macropayment bezeichnet man größere Zahlungsbeträge ab 10€. Diese Beträge spielen besonders bei der Abrechnung von materiellen Gütern eine große Rolle.[11] Z.B. elektronische Geräte wie Fernseher oder Bücher.

3.3 Kreditkartenbasiertes Bezahlen

Hinter dem Begriff Kreditkarte verbergen sich verschiedene Kartenarten. Debit-Carts, bei denen das Girokonto belastet wird, oder Visa-Karten, die von Kreditkartenfirmen ausgegeben werden. Das in Deutschland gängige Verfahren ist die sog. Charge-Card .Bei dieser werden alle Belastungen zum Ende des Monats addiert und dann dem Inhaber direkt vom Konto abgebucht.

Bei der klassischen Credit Card, welche in anglo-amerikanischen Ländern üblich sind, hat der Inhaber die Wahl gegen Kreditzinsen den ausstehenden Betrag erst später zu überweisen. Hier wird also ein vorher genehmigter Kredit aufgenommen. Der Inhaber kann hier auch die Karte vorher aufladen, oder diese bis zu einem vorbestimmten Betrag belasten. Bei der Anwendung der Kreditkarte muss der Zahlende grundsätzlich seine Kartennummer, Name und Gültigkeitsdatum bei dem Händler angeben. Mittlerweile ist die Angabe der Prüfnummer ebenfalls als zusätzliche Sicherheitsmaßname Pflicht. Die jeweiligen Karten differenzieren sind vor allem innerhalb der unterschiedlichen Übertragungswege und verwendeten Sicherheitsprotokolle.[12]

---

[11] Vgl. http://clickandbuy.com/DE/de/anbieter/micropayment.html , Abruf 16. Juni 2007
[12] Vgl. Danneberg, Marius, Ulrich Anja: E-Payment und E-Billing, 2004, S.79

9

4. Anforderungen an E-Payment-Systeme

4.1 Allgemeine Anforderungen

Eine Gewichtung der Anforderungen ist abhängig vom jeweiligen Einsatzort des E-Payment-Systems. Die Berücksichtigung der Anforderungen aller Teilnehmer, ist eine zentrale Voraussetzung für die Akzeptanz elektronischer Bezahlsysteme.[13] Hierbei ist zu beachten, dass die Verbreitung des Systems. d.h. die Anzahl der potentiell an diesem Zahlungsverfahren teilnehmenden Kunden, von zentraler Bedeutung ist.[14] Das ausschlaggebende Kriterium ist die Penetration des Marktes. Voraussetzung hierfür wiederum, ist eine effiziente Nutzung von Zahlungstransaktionen und ein Nutzen aller Beteiligten, Käufer sowie Verkäufer, unter wirtschaftlichen, rechtlichen und technischen Gesichtspunkten. Mit steigender Anzahl von Händlern und Kunden, welches ein bestimmtes EPS anwendet, steigt dessen Wert und wird wiederum von mehr Händlern und Käufern genutzt. Die Entscheidung der Anbieter für bestimmte EPS wirkt dabei wie ein Filter, da Zahlungssysteme ohne Akzeptanzstellen offensichtlich nicht die Gunst der Konsumenten gewinnen. Ein EPS muss die Tauschmittelfunktion erfüllen. Hierdurch kommt es zum Wegfall von sog. indirekten Tauschketten, wenn Akteure jeweils bereit sind, ihre Mittel gegen elektronisches Geld einzutauschen.[15] Damit ist klar, dass die allgemeine Akzeptanz bei Käufer und Händler eine wichtige Voraussetzung für die Tauschmittelfunktion des Geldes ist. Diese kann man nur mit rechtlichen und wirtschaftlichen Absicherungen durch staatliche Institutionen, sowie der Garantien von Bankinstituten bzw. Zentralbanken erreichen. Weiterhin ist erforderlich, dass die gesamte Bandbreite von geringen, sog. Micro- oder Picopayments, bis hin zu größeren Beträgen, sog. Macropayments, abgedeckt wird und Transaktions- Orts- sowie Zeitunabhängig ist. Geld spielt dabei also nur noch die Rolle des Geldspeichers. Die Kaufkraft soll

---

[13] Vgl. Danneberg, Marius, Ulrich Anja: E-Payment und E-Billing, 2004, S. 49
[14] Vgl. Manfred Caspar-Wolf, 2006, Marktchancen im Internet, http://www.competence-site.de/ecommerceshop.nsf/E53C30BE6C9ED288C1256CBC003CFBDA/$File/marktchancen_epayment.pdf , Abruf 04. Juni 2007
[15] Vgl. Prof. Dr. Axel Schwickert, Universität Giessen, E-Payment-Systeme, 2006, S. 62

von der Gegenwart in die Zukunft zu transferiert werden.[16] Zeitliche Verschiebungen von Kauf und Bezahlung müssen also möglich sein. Eine Veröffentlichung einer Studie der Deutschen Bank (siehe Abbildung 3) zeigt in einer Grafik zusammenfassend die Anforderungen von EPS an Händler und Käufer. Hierbei wird der Interessenkonflikt von beiden Parteien verdeutlicht. Der Käufer möchte Anonym bleiben, der Händler jedoch den Käufer genau identifizieren, um so Kundenprofile erstellen zu können und abgesichert gegen den möglichen Betrug zu sein. So muss das EPS beiden diese Möglichkeit auf besten Weg einräumen. Sicherheit, Konsistenz und Totalität sind von beiden Seiten geforderte Anforderungen.

Allgemein kann man sagen, dass die Konsumenten umso mehr zögern, desto weniger Händler ein bestimmtes EPS anbieten, und umgekehrt zögern Verkäufer, je weniger Käufer, ein bestimmtes EPS benutzen. Es liegt also alles an der Akzeptanz des EPS von beiden Seiten.

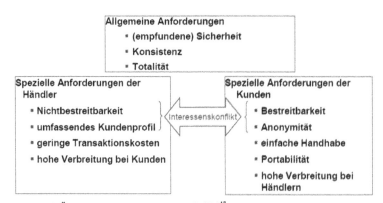

Abbildung 3: Überblick der Anforderungen an ein EPS[17]

4.2 Sicherheit

Die wichtigste Eigenschaft neuer Zahlungssysteme ist die Sicherheit. Sie sollte sowohl vom Händler als auch von den Käufern empfunden werden. Im elektronischen Zahlungsverkehr sollten folgende Punkte gegeben sein:

---

[16] Vgl. Prof. Dr. Axel Schwickert, Universität Giessen, E-Payment-Systeme, 2006, S. 64
[17] Vgl. Deutsche Bank Research,
http://www.dbresearch.de/servlet/reweb2.ReWEB;wkey=u21708647 , Abruf 12. Juni 2007

Integrität, Abhörsicherheit, Authentizität, Anonymität, Absicherung und Vertraulichkeit.[18] Hiermit sind die Sicherung und eine kontrollierte Überwachung des Zahlungsverkehrs gemeint. Der Zahlungsverkehr, der früher als intime Vertrauensbeziehung galt, gerät nun in die Öffentlichkeit und wird unpersönlich. Dies erfordert eine verstärkte Konzentration auf die Gewährleistung der Sicherheit bzw. der Sicherheitsbedürfnisse der Benutzer bei der Benutzung von Zahlungssystemen. Es müssen Modelle und Werkzeuge zur Verfügung gestellt werden, die dem Benutzer eine sichere Nutzung von Zahlungssystemen ermöglichen, ohne dass er Gefahr läuft ein „gläserner" Kunde zu werden oder sein informationelles Selbstbestimmungsrecht zu verlieren. Diese Anforderungen sollen mit informationstechnologischen Maßnahmen erzeugt und aufrechterhalten werden.

4.2.1 Authentizität

Authentizität im E-Payment bezieht sich auf die Fähigkeit, die an der Transaktion Beteiligten eindeutig identifizieren zu können. Es muss gewährleistet sein, dass alle Akteure auch die sind, die sie vorgeben zu sein. Hierfür werden verschiedene Authentizitäts-Verfahren verwendet. Transaktionsnummern (TAN) sind im E-Banking solch ein Instrument. Identifikationsnummern (PIN) oder Passwortsysteme sollen die Authentizität garantieren. Passwörter sind jedoch am unsichersten, da sie bei systematischen Penetrationsversuchen relativ leicht zu entschlüsseln sind. TAN und PIN sind sog. Einwegpasswörter und deshalb sicherer.[19] Weitere Sicherheitskonzepte werden in Kapitel 7.2 aufgezeigt.

4.2.2 Integrität

Dies beinhaltet die unversehrte und sichere Übertragung von Zahlungsinformationen. Das EPS muss geschützt von beabsichtigen sowie unbeabsichtigten Angriffen sein. Ein Integritätsrisiko besteht dann, wenn elektronisch übertragene Daten verändert werden können, ohne

---

[18] Vgl. Danneberg, Marius, Ulrich Anja: E-Payment und E-Billing, 2004, S. 50
[19] Vgl. Danneberg, Marius, Ulrich Anja: E-Payment und E-Billing, 2004, S. 51

Spuren zu hinterlassen. Eine Integritätskontrolle ist heute mit der Verwendung von Protokollen, wie SSL, SET oder HBCI vorgesehen.

4.2.3 Anonymität

Anonymität bedeutet allgemein, dass die Identität einer Person nicht bekannt ist. Sie ist also namenlos. Anonyme Zahlungstransaktionen sind also jene, bei denen die Identität des Zahlenden verborgen bleibt. In der Geschäftswelt ist eine vollständige Anonymität nur durch eine Bezahlung mit Bargeld erreichbar. Eine vollständige Anonymität ist über das Internet kaum möglich. Deshalb wird im Rahmen des E-Payment Anonymität im weiteren Sinne als vertrauliche Behandlung von Kundeninformationen verstanden. Es soll verhindert werden, dass ein Händler oder Kreditinstitut ein vollständiges Kundenprofil erstellen kann. Eine Transaktion soll also mit geringst möglicher Verletzung der Anonymität möglich sein. Hierbei liegt der Schwerpunkt auf der Wahrung der informationellen Selbstbestimmung.

4.2.4 Absicherung im Schadensfall

Dieser Punkt ist den Kunden, sowie Verkäufern, beiderseits sehr wichtig. Sie ist eine der bedeutendsten Anforderungen. Ein möglicher Schadensfall sollte abgesichert sein. Händler haben hierbei ein ganz besonderes Interesse an einer guten Reputation, welche überlebenswichtig im Online-Handel ist. Einige EPS wie Paypal (siehe Kapitel 5.3) bieten sog. Käuferschutz oder Treuhandservices (siehe Kapitel 7.2) an, um den Käufer zu schützen. Andererseits ist die Absicherung der Händler ebenso wichtig, da diese einen weitaus größeren Teil von Schadenfällen z.B. durch Missbrauch von Kreditkarten oder Bankdaten zu verzeichnen haben. Kleinere Händler geben sogar an, dass sie häufiger wegen ungedeckten Konten und Zahlungsverweigerungen kein Geld erhalten, als durch andere Betrugsfälle.[20] Als Gegenmaßnahme haben die Händler die Möglichkeit nur Zahlungsverfahren anzubieten, bei denen quasi kein Ausfall möglich ist. Hierbei bietet sich v.a. Pre-Paid- und Pay-Now-

---

[20] Vgl. Danneberg, Marius, Ulrich Anja: E-Payment und E-Billing, 2004, S. 55

Verfahren an.[21] Die Händler müssen jedoch beachten, dass eine großer Teil der Kunden auf Pay-Later-Verfahren, wie Kreditkarten oder Papierrechnungen nicht verzichten wollen, und sofern diese Verfahren nicht zur Auswahl stehen, möglicherweise zu einem anderen Online-Shop wechseln, sollten diese Verfahren nicht zur Auswahl stehen. In diesem Fall ist für die Händler eine Bonitätsprüfung essentiell, um potentielle Scherzbesteller und Nichtbezahler auszusortieren. Solche Prüfungen kann der Händler in Echtzeit selbst durchführen oder durch einen Dienstleister erledigen lassen. Diese beinhaltet zwar Extra-Kosten, die jedoch durch weniger Rückläufe schnell amortisiert sind. Auf Bonitätsprüfungen haben sich einige Dienstleister im Internet spezialisiert. InfoRate[22] oder die Eco Probusinessgesellschaft sind Beispiele hierfür. Sie greifen meist auf die Datenbanken von Creditform[23] oder InfoScore[24] zurück.

4.3 Benutzerfreundlichkeit

Die Benutzerfreundlichkeit ist ebenfalls entscheidend für die Akzeptanz eines Systems auf der Kundenseite. Einfache Handhabung und bequeme Nutzung sind Voraussetzungen dafür, dass ein EPS im Markt positiv wahrgenommen wird.[25] Elektronische Zahlungssysteme verursachen bei Ihren Nutzern auf verschiedenen Ebenen Aufwand: Zuerst bei der Installation. Der Anwender sollte ohne Vorkenntnisse und ohne zusätzliche Hard- oder Software das System zum Laufen bringen können. Zusätzlich ist der Aufwand zum Erlernen bzw. Verstehen des Verfahrens zu bedenken. Schließlich ergibt sich für den Kunden noch ein variabler Aufwand, der bei jeder einzelnen Zahlung anfällt. Hierzu zählen die Eingabe von PINs, das Aufladen bzw. die Neubeschaffung eines vorausbezahlten Zahlungsmittels, wie die Geldkarte oder die Paysafecard, sowie generell die Wartezeit bei Bearbeitung des Zahlungsvorgangs und mögliche Verzögerungen aufgrund technisch bedingter

---

[21] Siehe Punkt 3.1.1
[22] Siehe http://www.inforate.de Abruf 12. Juni 2007
[23] Siehe http//www.creditform.de , Abruf 12.Juni 2007
[24] Siehe http//www.infoscore.de , Abruf 12. Juni 2007
[25] Vgl. Heng, Stefan: E-Payment-System: Treiber einer notwendig Evolution der Zahlungssysteme, S. 423

Unterbrechungen.[26] Ideal aus Kundensicht ist also minimaler Aufwand, zeitlich sowie technisch. Kompromisse mit anderen Anforderungen, insbesondere der Sicherheit, sind allerdings unumgänglich.

4.4 Kosten

Für Kunden stellen die Kosten eines EPS nahezu das wichtigste Kriterium bei der Auswahl derer dar.[27] Das heißt der Anteil, den der EPS-Anbieter für dessen Nutzen fordert. In der Realität wird jedoch meist nur der Verkäufer mit einem bestimmten Anteil des Transaktionsvolumens belastet.

Folgende Kriterien sind aus Kundensicht zu beachten:

- Anfangsinvestitionen, Anschaffungskosten für zusätzliche Soft- und Hardware
- Grundgebühren, monatlich oder jährlich
- Transaktionsgebühren

Händler beachten folgende Punkte:

- Anschaffungskosten
- Betriebs- und Wartungskosten
- Grundgebühren
- Transaktionskosten
- Kosten des Zahlungsausfalls

4.5 Flexible Einsatzfähigkeit

Eine flexible Einsatzfähigkeit beinhaltet mehrere Aspekte. Zum einen eine sog. Cross-border-Zahlungsmöglichkeit. Dieses beinhaltet Käufe über Landesgrenzen hinaus, welches für Anwender, mit einer mehr und mehr globalen Konsumgesellschaft, immer wichtiger wird. Weder Kreditinstitute noch Banken haben geeignete, kostengünstige Verfahren entwickelt, um in diesem Bereich Zahlungen zu ermöglichen. Genau hier muss das EPS ansetzten, die Schwächen finden und vermeiden, Paypal ist hier ebenfalls ein Vorreiter und nicht zuletzt aus diesem Grund so erfolgreich.

---

[26] Vgl. Prof. Dr. Axel Schwickert, Universität Giessen, E-Payment-Systeme, 2006, S. 70
[27] Vgl. Danneberg, Marius, Ulrich Anja: E-Payment und E-Billing, 2004, Seite 58

Des Weiteren sollte ein EPS Micropayment-fähig sein. D.h. es muss in der Lage sein Kleinstbeträge unter 5 € kostengünstig abrechnen zu können. Diese Eigenschaft muss die Abrechnungsmodi Pay-per-Use, Pay-per-Time, Abonnement-Payment und Abrechnungen von Bundles beinhalten.

5. Erfolgreiche E-Payment-Verfahren

Die Auswahl der drei hier aufgeführten EPS ist damit begründet, dass diese Bezahlsysteme zu den Erfolgreichsten ihrer Branche gehören, jedes jeweils in dessen Segment. Die Geldkarte ist die erfolgreichste Auflade-Karte. Die Paysafecard die beliebteste Scratch-Card und Paypal das erfolgreichste Internet-Bezahl-System. Die Folgenden Erläuterungen sollen deren Funktion und Erfolgsgaranten verdeutlichen.

5.1 Die Geldkarte

Die Geldkarte ist 11 Jahre nach Ihrer Einführung weiterhin auf Erfolgskurs und baut ihre Akzeptanz im Bereich E-Payment stetig aus. Die Zahl der Akzeptanzstellen sowie die Nutzungsfrequenz nehmen stetig zu. Sie wird Hauptsächlich an Automaten eingesetzt. Im Bereich des Micropayment ist die Geldkarte sicher eines der bekanntesten E-Payment- Systeme, sind doch in Deutschland, wo dieses System betrieben wird, schon mehr als 64 Millionen (Stand Januar 2007[28]) solcher Karten im Umlauf. Es handelt sich bei der Geldkarte um eine sog. SmartCard, also eine Plastikkarte in der Größe einer normalen Kreditkarte, allerdings mit integriertem Mikrochip. Auf diesem Mikrochip kann der Benutzer an speziellen Terminals, z.B. Bankautomaten der Hausbank, die Karte aufladen und dieses Geld bei Händlern, die entsprechende Lesegeräten installiert haben, wieder ausgeben.[29] Der Anwender hat also die absolute Kostenkontrolle und kann nicht mehr ausgeben, als er schon zuvor auf die Karte geladen hat. Es handelt sich also hierbei um ein Pre-Paid-Verfahren.

---

[28] Pressemitteilung des Unternehmens Geldkarte Januar 2007,
http://www.geldkarte.de/_www/files/pdf2/geldkarte_aktuelle_situation_ausblick_2007.pdf , Abruf 04.06.2007
[29] Vgl. Merz,, Michael: E-Commerce und E-Business, 2002, S. 486

Beim Aufladevorgang wird vom Girokonto des Benutzers der entsprechende Betrag abgebucht und auf die Karte aufgebucht. Um Missbrauch und Störungen zu vermeiden, wird zusätzlich bei jeder Transaktion auf einem zentralen Server, der sog. Börsenevidenzzentrale, ein eigenes Schattenkonto für jede Geldkarte geführt. Seit 2002 ist es möglich die Geldkarte nicht nur am POS sonders auch im Internet zu benutzen. Hier kann die Geldkarte Ihre Vorteile voll und ganz ausspielen. Sie benötigt keine weitere Autorisierung, hat integrierten Jugendschutz und garantiert, sehr wichtig für viele Kunden, Anonymität dem Verkäufer gegenüber. Das Jahr 2007 verspricht ein erfolgreiches Jahr für die Geldkarte zu werden, da der integrierte Jugendschutz auf dem Chip, das Kaufen von Zigaretten bargeldlos und mit integriertem Jugendschutz, welcher ab 1. Januar 2007 gesetzlich vorgeschrieben ist, ermöglicht. Auch bei der Bezahlung von Erotik-Dienstleistungen gewinnt die Geldkarte durch den integrierten Jugendschutz immer mehr an Bedeutung. Die Vorteile gegenüber der Barzahlung Siehe Abbildung 4.

Abbildung 4: Exemplarische Darstellung einer Geldkarte[30]

5.2 Paypal

Paypal ist eine der erfolgreichsten Unternehmen des E-Mail-Payments der Welt. Vielleicht das erfolgreichste EPS überhaupt. Es wurde 1998 in dem USA gegründet. Damals sind die Schwächen der E-Payment-Systeme von Software-Entwicklern erkannt worden und es wurde gehandelt. Goldman & Sachs investierten in das Projekt und durch die rasche Verbreitung des Internets etablierte sich Paypal immer mehr und wurde schließlich von Ebay im Oktober 2002 übernommen, wo sich dieses EPS schon

---

[30] Vgl. EURO Kartensysteme GmbH, Frankfurt am Main:
http://www.geldkarte.de/_www/de/pub/geldkarte/ueberblick , Abruf 11. Juni 2007

größtenteils durchgesetzt hat. Besonders im internationalen Handel wird Paypal gegenüber anderen Verfahren bevorzugt. Ausschlaggebend für den Erfolg war nicht zuletzt die sichere und schnelle Art der Bezahlung, die weder das Ausfüllen von Formularen, noch die Offenlegung sensibler Daten voraussetzt. Vor allem die Geschwindigkeit von Paypal hat zum Erfolg dieses EPS geführt.[31] Denn bei Auktionen geht es zunächst um den Spaß und die Spannung beim Kauf. Man möchte den Artikel so schnell wie möglich in den Händen halten. Kaum ein anderes EPS bietet flexiblere Cross-Border-Zahlungsmöglichkeiten wie Paypal (siehe Kapitel 7.3). Hinzu kommt der kostenlose Treuhandservice (siehe Kapitel 7.2). In Deutschland wird Paypal in den nächsten Jahren in Partnerschaften mit Banken investieren, um spezifisch Anforderungen deutscher Kunden noch gerechter zu werden. Trotz Ebay als Kerngeschäft, wird mittlerweile ein großer Teil des Zahlungsvolumens außerhalb von Ebay erschlossen.[32] Hier erschließt sich das Unternehmen zusätzliches Potential. Mehr und mehr Online-Shops binden mittlerweile Paypal in Ihre Zahlungsoptionen ein.

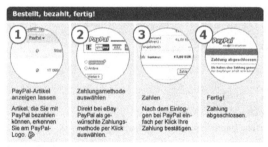

Abbildung 5: Die Bezahlung per Bezahlung bei Ebay[33]

---

[31] Vgl. Lammer, Thomas: Handbuch E-Money, E-Payment & M-Payment, 2005, S. 240
[32] Vgl. Lammer, Thomas: Handbuch E-Money, E-Payment & M-Payment, 2005, S. 246
[33] Vgl. Paypal Europe, https://www.paypal.com/de/cgi-bin/webscr?cmd=security-center-outside , Abruf 07.Juni 2007

5.3 Die Paysafecard

Paysafecard.com hat Europas erste Pre-Paid-Karte zum Online-shoppen entwickelt. Die paysafecard.com AG wurde im März 2000 in Wien/Österreich gegründet. 2001 startete paysafecard in Deutschland.[34] Das Transaktionsvolumen steigt von Jahr zu Jahr (Knapp 100 Mio. im Jahr 2006, 2005 waren es noch 37 Mio[35]). Es handelt sich hierbei um eine sog. Scratch-Card, mit der Kunden ohne Angabe seiner persönlichen Daten im Internet einkaufen kann. Man rubbelt eine PIN frei, den man dann bei dem Kauf eingeben muss. Der Paysafecard-Server prüft dann das Guthaben dieser Karte bzw. den PIN dieser Karte. Der Kaufpreis wird der entsprechenden PIN belastet und die Zahlung an den Internetshop kann erfolgen. Sie ist an den meisten Kiosken zu erwerben und hat somit eine weite Marktdurchdringung erreicht. Das Angebot ist weit reichend, von Gambling, Dating-Börsen über Tanken, bis Shoppen bei Amazon.de oder Online-Telefonie über Skype u.a. Die Idee eines Pre-Paid-Zahlungsmittels ist nicht neu, da sie seit Jahren erfolgreich im Mobilfunksektor eingesetzt wird. Der Ansatz, diese bekannte Funktionalität durch die Etablierung eines neuen Kartensystems zu erweitern und eine Integration mit den Telefon-Pre-Paid-Karten anzustreben, war abzusehen und die Chance wurde von paysafecard als Erstes wahrgenommen. Paysafecard ist ein Produkt, welches auf ideale Weise die Anforderungen der User und der Online-Shops an ein Online-Zahlungsmittel kombiniert. Der Anwender ist nicht immer bereit, finanz- und personenbezogene Daten im Internet bekannt zu geben, insbesondere Kreditkartennummern oder Kontonummern. Außerdem war der Gedanke, ein Zahlungsmittel zu schaffen, welches die Bedürfnisse der Internet-Anwender erfüllt: Sicherheit, Anonymität, Einfachheit. Und das ohne den Kunden mit Transaktionskosten oder Gebühren zu belasten, unabhängig von Alter und finanzieller Situation.[36] Die Paysafecard ist Europas erste rechtlich genehmigte Pre-Paid-Karte für die Bezahlung im Internet. Für jedes Land bringt der jeweilige nationale Bankenpartner die Karten heraus und steht

---

[34] Vgl. www.paysafecard.de , Abruf 14. Juni 2007
[35] Vgl. http://derstandard.at/PDA/?id=2899136 , Abruf 15. Juni 2007
[36] Vgl. Lammer, Thomas: Handbuch E-Money, E-Payment & M-Payment, 2005, S. 249

19

somit als Transaktionspartner zur Verfügung, dies steht auf Rückseite einer jeden Karte. Für Deutschland ist dies die Commerzbank. (siehe Abbildung 6).[37]

Abbildung 6: Eine deutsche Paysafecard[38]

Der Zahlungsprozess sieht folgendermaßen aus. Der Kunde befindet sich im Internet, an seinem Mobiltelefon, oder am POS. Er hat sich für den Erwerb eines Produktes oder Dienstleistung entschieden und entschließt sich danach für die Zahlungsoption „Paysafecard".

6. Mobile-Payment

Seit Mitte der 90er Jahre bestehen Bestrebungen, Mobiltelefone und andere Mobilgeräte für Bezahlvorgänge nutzbar zu machen. Mobile-Payment oder M-Payment kann als Unterform von E-Payment angesehen werden, wobei M-Payment-Systeme über mobile Geräte zur Verwendung kommen. Folgt man den in den Jahren 1999 und 2000 gemachten Prognosen, so sollte heute das „mobile Bezahlen" längst ein fest etablierter Bestandteil der täglichen Zahlungsgewohnheiten der westeuropäischen Bevölkerung sein. Betrachtet man den Verbreitungsgrad von Mobiltelefonen, könnte man auch davon ausgehen, dass hier ein gewaltiges Wachstumspotenzial besteht. Diese Entwicklung scheint aber erst in jüngster Zeit bei den Anwendern angekommen zu sein. Ein Blick auf dem deutschen M-Payment-Markt fällt ernüchternd aus. Die meisten Verfahren kamen über einen Testbetrieb nicht hinaus und sind inzwischen vom Markt verschwunden. Erst mit der Weiterentwicklung

---

[37] Vgl. www.paysafecard.de , Abruf 10. Juni 2007
[38] Vgl. http://www.onlinekosten.de/includes/computer/zahlungssysteme/paysafecard_abb.jpg, Abruf 15. Juni 2007

20

von Mobilgeräten, mit Techniken wie WAP oder UMTS und seit dem sich innovative EPS wie die Paybox allmählich am Markt durchsetzten (zunächst nur in Österreich und Asien)[39], durch den Netzeffekt und dem Aufbau von Akzeptanz unter den Kunden, scheint eine Trendwende in Sicht.

Die wichtigsten potentiellen Anbieter von mobilen Bezahlverfahren (Mobile Payment Service Provider, MSPS) sind Mobilfunkanbieter und Banken, wobei zu letzten auch noch Finanzdienstleister hinzukommen.[40] In Deutschland bietet JAMBA, welches mit T-Mobile, O2 und Vodafone kooperiert mit Handypay ein EPS an. Nach der Eingabe der Handynummer am POS oder im Internet erhält der Kunde eine SMS mit einem PIN-Code, der am POS eingegeben werden muss. Zahlungen bis zu 10 €, also Micropayments, sind hier möglich. Die Abrechnung erfolgt über die Mobilfunkrechnung. Der Vorteil der M-Payment-Systeme liegt in der Umgehung der Internet-Bezahlverfahren und deren Sicherheits- und Authentifizierungsproblematik. Jedoch ist der Markt für M-Payments in Deutschland und ganz Westeuropa hinter den Erwartungen zurück geblieben.

Ein Grund der fehlenden Akzeptanz scheinen die festgefahrenen Kaufgewohnheiten der Käufer zu sein. Warum sollte ich über das Medium Internet das Mobiltelefon benutzen? Macropayments sind jedoch durch die noch begrenzt zur Verfügung stehenden Sicherheitsfunktionen über Mobilfunkgeräte nur schwer realisierbar. Weiterhin besteht das juristische Problem, dass der Betreiber des EPS voraussetzt, dass die über das mobile Endgerät initiierte Zahlungsanweisung auch tatsächlich vom Eigentümer der Sim-Karte bzw. des Mobilfunkgeräts stammt.

Die Frage nach dem Bedürfnis der Bevölkerung stellt sich hier. Wird so ein System denn überhaupt begehrt von der Bevölkerung?

Nach einer Studie des statistischen Bundesamts vom Februar 2007 sind rund die Hälfte der Bundesbürger interessiert an der Nutzung von M-Payment-Lösungen. Besonders im Bereich öffentlicher Nahverkehr, Parken oder Lebensmittelautomaten sind Innovationen in Aussicht, und

[39] Vgl. Lammer, Thomas: Handbuch E-Money, E-Payment & M-Payment, 2005, S. 221
[40] Vgl. Lammer, Thomas: Handbuch E-Money, E-Payment & M-Payment, 2005, S. 364

auch von Nöten, um den harten Kern der Käufer zu überzeugen. In einigen Städten Deutschlands ist es mittlerweile möglich mit dem Handy das Parken zu bezahlen, einig vorherige Anmeldung ist jedoch erforderlich.[41] Bis zum Ende des Jahres 2008 sollten endgültig innovative und konkurrenzfähige M-Payment-Systeme bis nach Deutschland vorgedrungen sein. In Asien hat sich M-Payment endgültig durchgesetzt und ist nicht mehr vom Markt wegzudenken.

Man kann M-Payment in fünf Kategorien einteilen:

- Transaktionen zwischen Mobilfunkbetreiber und Kunden. Beispiele sind Handystyling oder Klingeltöne.

- Phone to Machine (P2M). Hierbei werden Waren wie Lebensmittel oder Zigaretten an Automaten mittels Mobilefunkgerät erworben. Der Kunde muss eine SMS mit dem Code des Gewünschten Produkts an eine M-Payment-Nummer senden. Das M-Payment-System schickt dann einen Befehl an den Automaten, der die Ware zur Verfügung stellt.

- Face to Face (F2F) ist eine M-Payment Anwendung bei Point-of-Sales-Terminals (POS) in Geschäften oder Tankstellen.[42]

- Online, d.h. Transaktionen werden direkt von einem an ein Mobilnetz angeschlossenen Server abgewickelt.

- Phone to Phone (P2P). Hierbei wird Geld von einem Telefonkonto auf das andere übertragen. Bei diesen Zahlungen schickt der Kunde eine SMS mit der zu übertragenen Summe und dem Empfänger-Konto an den M-Payment-Server. Der Server ruft daraufhin zurück und verlangt eine Autorisierung mittels PIN. Beispiele hierfür sind Übertragungen von Taschengeld für Kinder oder Bezahlungen von Rechnungen von Bekannten.[43]

„Mobiles Bezahlen" ist sehr flexibel einsetzbar. Am realen und virtuellen POS, im mobilen Internet, an Parkuhren oder anderen Automaten. In jeder dieser Situationen kann das Mobilfunkgerät als Geldbörse fungieren. Die Frage stellt sich jedoch, was M-Payment-Systeme an Mehrwert

---

[41] Vgl. http://www.handy-parken.de, Abruf 21. Juni 2007
[42] Vgl. Lammer, Thomas: Handbuch E-Money, E-Payment & M-Payment, 2005, S. 75 f
[43] Vgl. Lammer, Thomas: Handbuch E-Money, E-Payment & M-Payment, 2005, S. 75 f

gegenüber herkömmlichen EPS besitzen. Die einzige Zielgruppe scheint der Kunde zu sein, der gerne nur mit dem Handy aus dem Haus geht, ohne Brieftasche bzw. Bargeld, oder dieses zu Hause vergisst. Nur wie groß ist der Kundenstamm derer, die im vornherein wissen, dass sie Ihre Brieftasche gerne zu Hause lassen. Des Weiteren steht die Geldkarte an Automaten in direkter Konkurrenz zu M-Payment im Bereich der Bargeldsubstitution und steht auf dem Markt schon etabliert bereit. Außerdem ist bis jetzt eine Nutzung von M-Payment nicht ohne vorherige Anmeldung möglich, was viele Kunden abschreckt. Dies ist nur einer von vielen Gründen, weshalb sich M-Payment in Deutschland so schwer etabliert und in sich in Asien schon etabliert hat. Weitere Gründe sind die fehlende Verspieltheit und eine mangelnde Experimentierfreude.

7. Herstellung von Akzeptanz und Sicherheit

7.1 Rolle von Vertrauen im E-Commerce

Anbieter früherer EPS versuchten durch spektakuläre Namensgebungen erhöhte Aufmerksamkeit zu erregen. Ohne Rücksicht auf tatsächliche Systemeigenschaften kamen dabei fälschlicherweise Namen, wie „Money" oder „Geld" zur Verwendung. Was zu Irritationen führte.[44] Heute ist dies keineswegs ausreichend für den Erfolg oder eine Steigerung der Marktpräsenz. Ein Gefühl der Sicherheit und Geborgenheit im System ist dem Benutzer sehr wichtig neben den Kosten pro Transaktion. Es ist weiterhin darauf zu achten, dass das als großer Unsicherheitsfaktor geltende Internet, die Angst vor dem Betrug aus dem Internet, aus den Köpfen der Benutzer zu nehmen und ihnen die Sicherheit zu geben, die sie brauchen, um Geld über Netzwerke auszugeben.

Digitale Transaktionen sind von natur aus von Unsicherheiten auf der Kundenseite gekennzeichnet. Einer der Transaktionspartner könnte sich opportunistisch verhalten und dem Anderen schaden. Darüber hinaus können sich die zugrunde liegende IT-Systeme als nicht funktionsfähig erweisen.[45] In Entscheidungssituationen wird diese Unsicherheit von den

---

[44] Vgl. Prof. Dr. Axel Schwickert, Universität Giessen, E-Payment-Systeme, 2006, Seite 80
[45] Vgl. Petrovic, Otto: Vertrauen in digitale Transaktionen, 1/2003, S. 53

am Austauschprozess Beteiligten als Risiko angesehen. Vertrauen hat nun die Eigenschaft bzw. die Funktion, das empfundene Risiko zu verringern. Über den Einsatz von Gegenmaßnahmen und Schutzmechanismen wie in Kapitel 7.2 beschrieben, wird nun Vertrauen aufgebaut und somit auch die Akzeptanz.

Für Kaufentscheidungen im E-Commerce ist charakteristisch, dass sie unter unvollständigen Informationen und Unsicherheit stattfinden. Schwickert spricht hier von Unsicherheit, die sich in endogene- und exogene Unsicherheiten unterscheiden. Exogene Unsicherheit, oder Umweltunsicherheit bzw. Ereignisunsicherheit, bezieht sich auf Ereignisse, die außerhalb des Einflussbereichs der Akteure liegen und somit als unveränderbar hingenommen werden müssen. Endogene Unsicherheit, oder Marktunsicherheit, lässt sich hingegen durch Handlungsentscheidungen beeinflussen. Wie in Abbildung 7 zu sehen, beziehen sich exogene Unsicherheiten auf z.B. das Medium Internet, während endogene Unsicherheiten auf Kompetenz- oder Motivationsprobleme bezogen werden können.[46]

Exogene Risiken – Risiken des Mediums Internet	
Kommunikationsrisiken	Verlust, Dopplung, Modifikation, mangelnde Verbindlichkeit einer Nachricht
Authentifizierungsrisiko	Transaktionspartner ist nicht der, der er zu sein vorgibt
Risiko mangelnder Vertrautheit mit dem Medium Internet	Transaktionsbezogene Risiken des Mediums können schlechter abgeschätzt werden
Strukturelle Risiken	Unerlaubte Transaktionen können schneller, mit weniger Spuren und größerer Reichweite ausgeführt werden
Endogene Risiken – Risiken der Kunden-Anbieter-Beziehung	
Repräsentationsrisiken	Die Leistung des Anbieters entspricht nicht den zugesicherten Eigenschaften (Hidden Characteristics)
Fulfillmentrisiken	Die Leistung wird nicht wie vertraglich vereinbart erbracht
Netzwerkrisiken	Unsicherheit, ob alle an der (verteilten) Leistungserstellung beteiligten Partner des eigentlichen Anbieters (bspw. Finanzintermediäre) vertrauenswürdig sind bzw. ihre Leistung erbringen
Privacy-Risiken	Risiko der Preisgabe und des Missbrauchs der vom Anbieter gewonnenen Kundeninformationen

Abbildung 7: Empfundene Risiken bei der Nutzung von EPS[47]

---

[46] Vgl. Prof. Dr. Axel Schwickert, Universität Giessen, E-Payment-Systeme, 2006, Seite 81
[47] Vgl. Schwickert, Axel : E-Payment Systeme - Funktionsweise, Marktüberblick, Bewertung, Elektronische Ressource: URL: http://geb.uni-giessen.de/geb/volltexte/2006/2878/ , Giessen: 2006, Seite 80

Es gibt mehrere Ansätze die die Bereitschaft der Kunden, digitale Transaktionen durchzuführen, zu erhöhen. Zunächst kann durch den Einsatz rechtlicher und technischer Maßnahmen, die o.g. Unsicherheit reduziert werden. Im Bereich technischer Sicherheit wurden in den vergangenen Jahren große Investitionen geleistet. Doch trotz ständig steigender Sicherheit, stieg das Vertrauen der Anwender nur verhältnismäßig wenig. Vertrauen und die damit steigende Akzeptanz von E-Payment bilden nach wie vor die größte Hemmschwelle bei der Durchführung digitaler Transaktionen.[48]

Weitere Maßnahmen können die Nutzung von unabhängigen Informationsquellen bzw. eine Nutzung von Informations-Pools von Kunden sein, welche Anbieter vergleichen oder bewerten. Hier handelt es sich um das sog. „Screening".[49] Als „Signaling" werden wiederum Maßnahmen der Händler bezeichnet, welche Aufklärungsarbeit leisten und Unsicherheiten abbauen sollen.

7.2 Maßnahmen zur Schaffung von Akzeptanz

7.2.1 Sicherheitstechniken

7.2.1.1 Verschlüsselung

Ein Aspekt der Sicherheit elektronischer Zahlungssysteme ist die Sicherstellung, dass Datenübertragungen nicht abgehört bzw. mitgeschnitten werden.[50] Man verwendet hier Verschlüsselungstechniken. Ziel des Einsatzes dieser Techniken ist es, die sichere Versendung von vertraulichen Daten über das Internet, also offene Netzwerke, zu garantieren. Hierbei kommen mathematische Algorithmen zur Anwendung. Verschlüsselung wie RSA oder DES in Form von Diensten, wie S-Http oder SSL, stehen zur Verfügung. Vereinfacht ausgedrückt, werden dabei die ursprünglichen Zeichenketten des Absenders unter Anwendung mathematischer Verfahren in Dritte unverständlichen Zeichenketten, umgewandelt, die nur vom Empfänger mittels eines

---

[48] Vgl. Petrovic, Otto: Vertrauen in digitale Transaktionen, 1/2003, S. 53 f.
[49] Vgl. Riemer: E-Commerce erfordert Vertrauen, S. 715
[50] Vgl. Danneberg, Marius, Ulrich Anja: E-Payment und E-Billing, 2004, Seite 38

25

geeigneten Schlüssels wieder in den lesbaren Originalzustand zurückversetzt werden können.[51] Grundsätzlich kann zwischen symmetrischen und asymmetrischen Verschlüsselungsverfahren unterschieden werden. Bei der symmetrischen Verschlüsselung wird zur Ver- und Entschlüsselung jeweils derselbe Schlüssel verwendet. Dies setzt voraus, dass der Schlüssel selbst zunächst vom Absender zum Empfänger übertragen wird ohne abgefangen zu werden.[52] Denkbar ist hierfür der verschlüsselte Transfer mittels eines zweiten, bereits im Vorfeld verteilten Schlüssels. Ist der Schlüssel über einen sicheren Kanal übertragen worden, kann er ein- oder mehrmalig zur Ver- bzw. Entschlüsselung eingesetzt werden. Gerade für einmalige Transaktionen wird die symmetrische Verschlüsselung aufgrund der Notwendigkeit zur gesicherten Übertragung des Schlüssels verwendet. Diese werden allerdings häufig als zu aufwendig betrachtet und sind für den Datenaustausch zwischen anonymen Handelspartnern im Internet eher ungeeignet. Im Internet hat sich deshalb die asymmetrische Verschlüsselung durchgesetzt, da dort vermieden wird, im Vorhinein einen Schlüssel über einen sicheren Kanal zwischen Sender und Empfänger übermitteln zu müssen.

7.2.1.2 Hash Funktionen

Danneberg und Ulrich beschreiben das sog. Hash-Verfahren folgendermaßen: Das Hash-Verfahren garantiert die Gewährleistung der Integrität (siehe Kapitel 4.2.2). Es kann nur in Verbindung mit Verschlüsselungstechniken funktionieren. Es werden Prüfsummen gebildet, die kürzer als die Originalsumme sind. Prüfsummen nennt man auch digitale Fingerabdrücke bzw. message digest.[53] Schon die kleinste Veränderung des Originaltextes hat eine Änderung der Prüfsumme zur Folge. Die Prüfsumme wird verschlüsselt versendet. Der Empfänger entschlüsselt die Nachricht, verwendet dann die gleiche Hash-Funktion und überprüft, ob die Prüfsumme mit der des Absenders übereinstimmt.

---

[51] Vgl. Prof. Dr. Axel Schwickert, Universität Giessen, E-Payment-Systeme, 2006, Seite 86
[52] Vgl. Danneberg, Marius, Ulrich Anja: E-Payment und E-Billing, 2004, Seite 39
[53] Vgl. Danneberg, Marius, Ulrich Anja: E-Payment und E-Billing, 2004, Seite 41

7.2.1.3 Signaturverfahren

Ebenso wie in der traditionellen Geschäftswelt sind die Authentizität einer Nachricht in Bezug auf den Aussteller und die Integrität von Dokumenten zwingende Voraussetzungen für eine kommerzielle Transaktion, geschäftlich wie rechtlich. Authentizität bedeutet in diesem Fall, dass die Identität des Ausstellers eindeutig bestimmt werden kann. Die wichtigste Eigenschaft einer digitalen Signatur oder Unterschrift ist, dass sie echt ist. Durch Anwendung digitaler Signaturen kann die Sicherheit von Bezahlsystemen im Internet erhöht werden. Insbesondere bei Kartenzahlungen, weil dort die Unterschrift nicht vorliegt, kann die Sicherheit durch Leistung einer digitalen Signatur des Kunden diese erhöhen.

7.3 Treuhänderische Abwicklung der Transaktion

Dieser Service wird von einigen Online-Händlern, besonders Internet-Auktion angeboten, um möglichen Betrugsversuchen vorzubeugen. Es beinhaltet einen kostenlosen Käuferschutz bis zu einem Bestimmten Betrag (Bei Paypal 500€). Dieser Dienst wird z.B. von Gesellschaften wie Moneybrokers oder Paypal angeboten (siehe Kapitel 5.2) Der Käufer bezahlt im Pay-Now Verfahren die Ware an den sog. Treuhänder. Dieser übernimmt dann die Verantwortung für den Wert des Produktes. Der Kunde erhält bei falscher oder nicht erhaltener Ware, sein Geld vom Treuhänder und nicht vom Händler zurück. Der Treuhänder steht also zwischen Händler und Käufer gegen eine bestimmt Gebühr. Der Ablauf bei ECO-Treuhand sieht folgendermaßen aus:

1. Käufer und Verkäufer registrieren sich einmalig und kostenlos.
2. Der Käufer bzw. Verkäufer legt einen Auftrag an.
3. Der Käufer überweist den Kaufpreis auf das Treuhandkonto (Geldtransfer).
4. Der Verkäufer erhält eine Mitteilung über den Geldeingang und verschickt die Ware an den Käufer.
5. Der Käufer prüft die Ware und bestätigt den Wareneingang.

6. ECO-Treuhand überweist den Kaufpreis an den Verkäufer. Das Rechtsgeschäft ist nun abgeschlossen.[54]

7.4 Community Plattformen

Community steht im Englischen für Gemeinschaft. Der User soll sich zu einer Bestimmten Gruppe dazuzählen bzw. den Drang nach Zugehörigkeit spüren. Dabei denken die Mitglieder weder an das Wohl der Community-Betreiber, noch denken Sie in Begriffen wie Gemeinschaft. Vieles läuft bei Communities unterbewusst. Der Benutzer sieht sich auf der sicheren Seite einen bestimmten Dienst im Internet zu benutzen, wenn viele andere das Gleiche tun. Der Schutzmantel der Community verstärkt sich noch mehr durch Bewertungen von Dienstleistungen, Produkten und Identitäten in einem Community-Forum oder anderen Empfehlungsdiensten.

7.5 Gütesiegel

Das Gütesiegel des Deutschen Versandhandels in Deutschland und das Österreichische E-Commerce-Gütesiegel sind Beispiele von Gütesiegeln, welche nur an geprüfte Online-Shops nach Überprüfung und Erfüllung bestimmter Kriterien vergeben werden. Der Käufer fühlt hierbei eine größere Sicherheit, da seine persönlichen Daten beim Online-Kauf mit dem EPS des entsprechenden Shops nicht missbraucht werden und er sicher und beruhigt einkaufen kann. Jedes Gütesiegel wird nach eigenen Kriterien vergeben. Das sog. „SSL-Encrypted Webshop System" oder deutsch das „SSL verschlüsseltes Webshop System (siehe Abbildung 8), steht bei zahlreichen Online-Händlern für sicheres und verschlüsseltes Übertragen von sensiblen und persönlichen Daten via SSL.[55] Dieses Protokoll soll bei der Anmeldung bzw. der Eingabe der Bestelldaten für eine Zusätzliche Absicherung für den Konsumenten sorgen. Viele Online-Kunden fordern solche Siegel, Dem Kunden wird somit die Möglichkeit gegeben, die reale - und nicht nur die virtuelle - Existenz des Online-Shop-Betreibers nachzuvollziehen.[56]

---

[54] http://www.eco-treuhand.de/ , Aufruf: 14. Juni 2007
[55] Vgl. http://www.redcoon.de/index.php/cmd/servicecenter , Abruf 2. Juli 2007
[56] Vgl. http://www.ecc-handel.de/guetesiegel_als_vertrauensstiftendes_instrument.php , Abruf 30. Juni 2007

28

Abbildung 8: Gütesiegel[57]

8. Umfrage

8.1 Vorgehen und Methodik

Innerhalb meines zeitlichen und finanziell begrenzten Rahmens war es nicht möglich eine Totalerherhebung durchzuführen. Aus diesem Grunde möchte ich ausdrücklich betonen, dass die Umfrage keineswegs repräsentativ für die gesamte Bevölkerung der Bundesrepublik Deutschland ist, da die Befragten weder nach dem Zufallsprinzip ausgewählt wurden, noch aus allen Altersschichten oder allen Einkommensgruppen, vertreten sind.

Zunächst wurde ein Fragebogen erstellt. Dieser orientiert sich an der IZV 8 der Universität Karlsruhe.[58] Diese sog. IZV beinhaltet eine Online-Umfrage zum Thema „Internetzahlungssysteme aus Sicht der Verbraucher". Der erstellte Fragebogen wurde entweder in Form eines Handzettels (siehe Anhang A) oder per Email an die Befragten versendet. Insgesamt wurden 263 Befragungen durchgeführt, von denen 108 Rückläufer waren. Dieser Anteil an Rückläufern ist für eine Umfrage relativ hoch, kommt jedoch dadurch zustande, dass der Fragebogen fast ausschließlich an Bekannte bzw. an dritte bekannte Personen weitergegeben wurde. Die Befangenheit der Befragten war dadurch auch nicht ganz auszuschließen. So könnte das Umfrageergebnis insofern beeinflusst worden sein, als dass eine gewisse bewusste oder unbewusste Befangenheit bei der Beantwortung des Fragebogens im Spiel war, da ein bekannter, auch wenn es über Dritte oder Vierte nur eine ferne Bekanntschaft ist, sicherlich ungern Erotik-Produkte oder

---

[57] Vgl. http://www.ecc-handel.de/custom_img/online-guetesiegel.jpg&imgrefurl=http://www.ecc-handel.de/guetesiegel_als_vertrauensstiftendes_instrument.php , Abruf 24. Juni 2007
[58] Vgl. http://www.iww.uni-karlsruhe.de/IZV8 , Abruf 18. Juni 2007

Kontaktbörsen-Mitgliedschaften angibt, auch wenn dies reell der Fall wäre. Die Befragten befinden sich zu 88 % in der Altersgruppe unter 36 Jahren und sind zu 67% Studenten. Es handelt sich bei den Befragten also zum großen Teil um Studenten im Alter zwischen 21 und 29 Jahren, die meist gute Erfahrungen mit der Nutzung des Internets haben. Eine weitere Spezifikation ist in sofern möglich, als dass es sich in dieser Altersgruppe hauptsächlich um Studenten der Wirtschaftsinformatik der FH-Frankfurt und um Studenten der Biochemie der Göthe-Universität Frankfurt handelt. Zumindest dieser Umstand entspricht in Teilen zumindest dem Zufallsprinzip, da dies zwei grundverschiedene Studiengänge sind. Bei der hier behandelten Thematik ist davon auszugehen, dass diese Zielgruppe prinzipiell mit dem Thema selbst schon einmal auseinander gesetzt hat.

Alle Rückläufer wurden bis zu einer bestimmten Deadline gesammelt und anschließend ausgewertet. Die ausgefüllten Fragebögen wurden per Email empfangen oder persönlich eingesammelt. Probleme oder Fragen zum Datenschutz ergaben sich nicht, da der Fragebogen anonym und freiwillig ausgefüllt wurde. Die Befragung fand von dem 20. Juni bis zum 12. Juli 2007 statt. Der 12. Juli war die Deadline für Rückläufer. Der relativ hohe Anteil an Rückläufern schließt eine Einflussnahme durch Fehleinschätzungen der Befragten nicht aus wie .z.B. die Frage nach dem Erfahrungsstand der Internetnutzung.

Um den Fragebogen nicht zu sehr auszudehnen, wurde darauf verzichtet, Güter in digitale, wie Downloads oder Wettangebote, und materielle Güter, wie Bücher oder PC-Hardware, zu unterscheiden. Insgesamt galt es 17 Fragen zu beantworten.

8.2. Auswertung

Dieser Abschnitt fasst die wichtigsten Ergebnisse der Umfrage zusammen. Genauer und anschaulicher ist das Ergebnis in Anhang B verdeutlicht.

Für die Umfrage zum Thema E-Payment-Systeme wurden 106 Fragebögen ausgewertet. Es sind 60% der Befragten männlich. Die Altersgruppe zwischen 18 und 26 Jahren ist zu 67% vertreten. Die Teilnehmer haben einen relativ hohen Bildungsstand (71% Studenten).

Sie sind Internetnutzer, die sich selbst mindestens als erfahrene Internetnutzer einschätzen (83%) und täglich online sind (85%). Jeder der Teilnehmer benutzt das Internet überwiegend privat. Der Trend zur flächendeckenden Nutzung von Breitband bzw. DSL wird ebenfalls deutlich, da 90% über diesen Internet-Anschluss zur Verfügung haben. Das Internet dient in erster Linie dem Empfang und dem Versand von Emails (94%) sowie als Informationsquelle (87%). Bei der Frage nach den gekauften Produkten waren Computer-Hardware (77%) und elektronische Geräte (89%) diejenigen mit dem größten Anteil. Erotik und Gambling Produkte schlossen am niedrigsten ab, was durchaus mit der Befangenheit der Teilnehmer zutun haben könnte. Diese Waren wurden zu 40% ausschließlich im Inland oder fast nur im Inland erworben wurden (56%). Nur 4% kaufen Produkte überwiegend aus dem Ausland.

Fragt man nach den Verbesserungsvorschlägen, um das Bezahlen im Internet attraktiver zu gestalten, sind Punkt 1 und Punkt 3 die wichtigsten Vorschläge, um das Bezahlen im Internet attraktiver zu gestalten. Dies beinhaltet die Punkte Standardisierung (74%) und eine verbesserte Informationspolitik zu Schadensfällen (84%). Bei der Bezahlung im Internet, vertrauen die Kunden nach wie vor am ehesten ihrer Hausbank. Dies ist besonders an der Verwendung von klassischen Bezahlverfahren wie papiergebundene Rechnungen (72%), Vorkasse (81%) oder Nachnahme (82%) ersichtlich. Diese sind immer noch die beliebtesten und am häufig genutzten Bezahlsysteme. Mit knapp 89% erreichen die Kreditkartengesellschaften ebenfalls ein gutes Resultat im Bekanntheitsgrad. Benutzt werden sie mit Prüfnummer zu 31% und mit SSL-Technik zu 18%. Bezieht man sich auf die Gruppe der Befragten, so sind, entgegen der Erwartungen, moderne E-Payment verfahren weitgehend unbekannt. Nur Paypal (39%) und Click&Buy (26%) sind bekannt und werden verwendet. Die Paysafecard (17%) und Moneybookers (12%) sind wenig bekannte Systeme, die aber von nahezu keinem Befragten (2%) schon einmal benutzt wurde. Als reines EPS schneiden in der Bekanntheit und Nutzungsfrequenz nur Paypal (18%) und die Geldkarte (29%) gut ab. Alle anderen EPS-Systeme auch sämtliche M-Payment-Systeme, ebenso sind fast allen Partizipanten nicht bekannt. Sieht man das Ergebnis an negativen Erfahrungen mit dem Erwerb von Gütern aus dem Internet und mit der Nutzung von elektronischen Bezahlsystemen, so ist der Ruf schlechter als die Erfahrungen der Befragten. So haben nur 12% bzw. 9% diese Fragen mit Ja beantwortet.

8.3 Schlussfolgerung

Man kann aus dem Ergebnis der Umfrage folgende Erkenntnisse ziehen. Es handelt sich bei den Befragten zum großen Teil um Studierende zwischen 19 und 26 Jahren, welche sich zumeist als mindestens erfahrene Internetnutzer sehen. Selbst für diese Gruppe der Bevölkerung, für welche das Internet ein täglicher Begleiter darstellt, ist die Benutzung echter EPS keine Regelmäßigkeit. Man vertraut immer noch traditionellen Verfahren, oder benutzt nur ein bestimmtes. Das verstärkt die Hausbank-These. Diese ist besonders in Deutschland sehr ausgeprägt. Man ist bestrebt so wenige Konten wie möglich zu führen. Auf diesen Fall bezogen, bedeutet das, dass man so wenig EPS wie möglich verwendet bzw. dieser Methode vertrauen schenkt. Die beliebtesten echten EPS sind PayPal und Click&Buy, wobei Paypal weit heraus sticht. Alle anderen EPS sind weitgehend unbekannt. Diese EPS erfüllt auch am größten die geforderten Anforderungen der Kunden (siehe Kapitel 4).

Wie zu erwarten war, ist die Bezahlung mit der Kreditkarte weit verbreitet. Die traditionelle Überweisung, die Bezahlung per Nachnahme und die elektronische Lastschrift, sind die beliebtesten Bezahlverfahren via Internet. Mobile Bezahlverfahren sind fast gänzlich unbekannt und wurden noch von keinem der 106 Befragten bereits angewendet. Die Partizipanten vermissen mehr Informationen der Anbieter elektronischer Bezahlsysteme und setzten besonders auf einen Käuferschutz sowie hohe Sicherheitsstandards im Datentransfer. Der Bekanntheitsgrad der EPS sind relativ gering ausgefallen, besonders, wenn man den Großteil der Befragten betrachtet. Entgegen den schon mehrerer Jahre zuvor getroffenen Prognosen, wird das sog. High-Street-Geschäft langfristig nicht aussterben, da Online kein perfektes Einkauf-Gefühl entstehen kann.

Noch nicht. Bedenkt man die Entwicklung von WEB 2.0 und dessen Potential.

9 Fazit

Noch sind die klassischen Bezahlsysteme wie Nachname, papiergebundene Rechnungen oder die Kreditkarte die beliebtesten Zahlungsverfahren im Internet. Die Skepsis gegenüber neuen Verfahren ist immer noch da. Nach 10 Jahren lässt sich noch kein endgültiger Trend ausmachen. Es ist abzusehen, dass sich bestimmte EPS in den jeweiligen Zahlarten durchsetzten werden. Nach dem Kampf mehrer Anbieter gleicher Zahlungsverfahren setzten sich im Moment nur wenige Systeme in jedem Segment durch. Im Pre-Pay-Verfahren die Geldkarte und deren, die anonyme Form ist die Paysafecard. Im Pay-Now-Verfahren ist Paypal das erfolgreichste EPS. Nur im Pay-Later-Segment ist aber noch ein Marketing-Wettbewerb im vollen Gange. Wird es wie heute die Kreditkarte sein, die dieses Segment beherrscht, oder werden sich Inkasso-Systeme durchsetzten. Diese Systeme haben noch keine ausreichende Akzeptanz erreicht, welche fehlende Marktdurchdringung zur Folge hat.

Zusammenfassend ist die Aussage zu treffen, dass die Akzeptanz der Kunden von folgenden Faktoren abhängig ist: Einfache Bedienbarkeit, hohe Verbreitung und eine hohe gefühlte und tatsächlich vorhandene Sicherheit. Die Sicherheit ist mit immensem finanziellen Aufwand der Anbieter zu gewährleisten. E-Payment-Dienstleister sind weiterhin bestrebt den Kundenwünschen gerecht zu werden. Genau diese Kriterien zu erfüllen, Systeme zu entwickeln, welche allen Anforderungen gerecht werden, ist deren Aufgabe.

Auch die Händler, sind bestrebt geeignete Bezahlsysteme anzubieten. Diese Systeme sollen geringste mögliche Kosten pro Transaktion verursachen und Betrugsversuche vermeiden. Die durchgeführte Umfrage verdeutlicht, dass die meisten EPS unbekannt sind und sich nur einige wenige durchsetzen werden. Wie schon erwähnt sind klassische Bezahlverfahren weiterhin dominierend, wie die Bezahlung mit der Kreditkarte, Online-Überweisung bzw. die Bezahlung per Vorauskasse oder Nachnahme. Mit diesen Verfahren werden auch immer noch die größten Umsätze abgewickelt. Trotz Ihrer Beliebtheit bieten diese Verfahren große Nachteile. Der Kunde oder der Händler muss dem meist unbekannten Gegenüber in Vorleistung treten. Neue EPS versuchen dieses Problem auszuhebeln. Nur einige wenige Systeme schaffen es sich auf dem E-Commerce-Markt durchzusetzen. Zu diesen gehören PayPal, die Geldkarte und die Paysafecard, aber auch Click&Buy. Diese Systeme scheinen sich auf dem Markt durchzusetzen und durch den Netzeffekt genügend Kunden an Land gezogen zu haben. Trotz der überwiegend guten Erfahrung und der sehr hohen Bereitschaft im Internet einzukaufen, bleibt dem Kunden beim Bezahlvorgang ein unsicheres Gefühl. Dies wird bis zur endgültigen Etablierung und Akzeptanz von E-Payment weiterhin so bleiben. Vergleicht man dies mit der Entwicklung der Akzeptanz des EC-Automaten, welche fast 30 Jahre gedauert hat, steht E-Payment ein langer Weg bis zu diesem Ziel bevor. Besonders M-Payment Systeme haben es nach wie vor schwer sich auf dem Markt zu etablieren, auch wenn in diesem Segment schon ausgereifte und sichere Systeme vorhanden sind. Grund dafür scheint eine traditionell fehlende Experimentierfreude und hohe Skepsis gegenüber neuen Systemen der Westeuropäer, speziell der Deutschen, zu sein. Die Gewinnung der kritischen Masse ist eben ein KO-Kriterium. Zum Thema Zahlungsinnovationen ist Deutschland schon immer eine der am wenigsten innovativsten Länder gewesen, mit Ausnahme von Online-Banking. Das sieht man auch in der Akzeptanz von Kreditkarten, welche bei der breiten Masse erst in den letzten 5-10 Jahren angekommen sind. Diese zögernde Haltung ist auch eine Erklärung für die relativ niedrigen Kreditzinsen in unserem Land im Verhältnis zu anderen führenden Industrienationen. Aktuell gewinnt die Kreditkarte in Deutschland mehr Akzeptanzwachstum denn je. In der Offline-Welt sind Kreditkarten neben der Barzahlung das einzige international einsetzbare Bezahlmittel. Der Vorteil liegt hier in der Benutzung vorhandener internationaler Strukturen und Netzwerken, welche neue EPS meist noch nicht besitzen. Ein solches Netzwerk muss für innovative Zahlungsmittel erst mit hohen Kosten aufgebaut werden. Darin liegt eine Aufgabe neuer EPS-Anbieter, neben der Schaffung von Akzeptanz.

10 Ausblick

Generell gilt, dass der Markt der Zukunft auch weiterhin durch eine Vielfalt an Bezahlverfahren und –systemen bestimmt wird, da einerseits die vielen individuellen Wünsche der Kunden befriedigt werden sollen, andererseits verschiedene Transaktionsgrößen auch verschiedene Transaktionskosten verursachen und somit verschiedene Zahlungsvarianten erfordern. Allerdings wird es hinsichtlich der Marktanteile keine Gleichverteilung geben. Einige wenige Marktteilnehmer werden in Ihrem Segment die Marktführung übernehmen. Paypal und die Geldkarte sind hierfür die größten Beispiele. Zu vergleichen ist dies mit dem Ebay-Effekt im Online-Auktions-Segment. Die Verdrängung traditioneller Bezahlsysteme wird sich noch Jahrzehnte hinziehen, jedoch werden diese mit hoher Wahrscheinlichkeit auf Dauer von der Bezahl-Landschaft verschwinden. Sogar noch früher als die Substitution des Bargeldes, welches bis zum Ende dieses Jahrhunderts weiterhin eine große Rolle spielen wird. Aktuell ist die Marktmacht der klassischen Hausbanken und Kreditkartenorganisationen offensichtlich, was auch die Umfrage widerspiegelt. Besonders Kreditkarten sind kurzfristig gesehen, Offline sowie Online das Zahlungssystem mit dem höchsten Wachstums- bzw. Umsatzvolumen. Bei den Kunden muss eine Akzeptanz geschaffen werden, was höhere Nutzungsfrequenzen voraussetzt.

Die größten Chancen neuer Anbieter liegen im M-Payment. Dort liegt momentan auch das größte Wachstumspotenzial. Sogar im Macropayment-Bereich, oder gerade da, jedoch nur am POS außerhalb des Internets. Entgegen der meisten Analysten scheint es mir keineswegs absurd, sich vorzustellen, seinen Wochenend-Familien Einkauf beim Discounter über 150 € mit seinem Handy zu bezahlen. Diese Entwicklung ist im Augenblick jedoch in weiter Ferne und rein spekulativ.

Die sog. Digital Generation, welche schon in naher Zukunft, man spricht von 10 bis 15 Jahren, die kommerzielle Bedeutung des elektronischen Handels dominieren wird, ist noch am heranwachsen. Diese Generation ist mit dem Internet aufgewachsen. Hier liegt die Hemmschwelle zur Akzeptanz und Benutzung elektronischer Bezahlverfahren viel niedriger. Dazu kommt noch der Bequemlichkeitseffekt, der bei der jüngeren

Generation immer wichtiger wird. Sie ist es, die die Evolution des Geldes entscheidend vorantreiben wird. E-Payment-Systeme sind der erste Schritt zur Evolution des Geldverkehrs. Elektronischer Handel benötigt zwingend Online-Zahlungsmittel. Die Mängel in diesem Bereich müssen beseitigt werden und dadurch den endgültigen Startschuss, der sich schon andeutenden Evolution, geben. Die Gründe für die immer noch sehr hohe Skepsis gegenüber echten E-Payment-Systemen sind nur spekulativ zu nennen. Zum einen die hohe Skepsis, der Pinguin-Effekt scheint noch nicht vollendet zu sein, zum anderen eine fehlende aggressive Marketing-Strategie. Starke Produkte müssen auch durch starkes Marketing gepusht werden. Anbieter müssen ihren Bekanntheitsgrad gerade durch Marketing-Maßnahmen in Offline-Medien, wie Fernsehen oder Magazinen, steigern. Dieser Schritt ist unumgänglich um den Akzeptanzprozess deutlich voranzutreiben und zu beschleunigen.

Quellenverzeichnis

Danneberg, Marius ; Ulrich, Anja : E-Payment und E-Billing –
Elektronische Bezahlsysteme für Mobilfunk und Internet, Wiesbanden:
Gabler 2004

Lammer, Thomas : Handbuch E-Money, E-Payment & M-Payment,
Heidelberg: Physika-Verlag 2005

Kareis, Karsten ; Korte, Werner ; Deutsch, Markus : Die E-Commerce
Studie – Richtungsweisende Marktdaten, Praxiserfahrungen, Leitlinien für
die strategische Umsetzung, Braunschweig / Wiesbaden: Verlag Vieweg
2000

Merz, Michael : E-Commerce und E-Business – Marktmodelle,
Anwendungen und Technologien, Heidelberg: Dpunktverlag 2002

Kirchhoff, Sabine ; Kuhnt, Sonja ; Lipp, Peter ; Schlawin, Siegfried :
Der Fragebogen – Datenbasis, Konstruktion und Auswertung, Opladen:
Leske + Budrich 2001

Schwickert, Axel : E-Payment Systeme - Funktionsweise,
Marktüberblick, Bewertung, Elektronische Ressource: URL: http://geb.uni-
giessen.de/geb/volltexte/2006/2878/ , Giessen: 2006

37

Anhang

Anhang A: Glossar

E-Commerce:	Überbegriff für den elektronischen Handel. Z.B. über das Internet oder das Mobiltelefon.
Kompatibilität:	Verträglichkeit verschiedener Eigenschaften zweier Komponenten.
Giro-Verkehr:	Geld wird transferiert
After-Sale-Services:	Kunden nach Ihrer Kaufentscheidung betreuen
Individual-Marketing:	Werbung für einen speziellen Kundenkreis
Online-Marketing:	Werbung über das Medium Internet
Distributionspolitik:	Steuerung des Vertriebs nach bestimmten Vorgaben.
E-Geld:	Elektronisches Geld, nicht in Barform
Scratch-Card:	Rubbelkarte, in Form einer Kreditkarte
Service-Provider:	Netzbetreiber erwirbt dort Nutzungsrechte
Transaktionskosten:	Kosten, die bei einem Kauf oder Transaktion entstehen.
Geschäftsvorfall:	Ereignis in einem Geschäftsprozess
M-Commerce:	Spezielles E-Commerce, bei der Geschäftspartner mittels mobiler Geräten, Transaktionen durchführen
POS:	Verkaufsstandort
@-Quick:	E-Payment Anbieter
Web-Cent:	E-Payment Anbieter
Nachnahme:	Versandart, bei der der Empfänger bei Erhalt der Ware diese bezahlt
Online-Überweisung:	Bezahlung einer Rechung mittels Online-Banking.
Papiergebundene: Überweisung:	Bezahlung einer Rechnung mittels Daten auf einer Rechnung in Papier-Form
Defacto:	in der Tat
Click&Buy:	E-Payment Anbieter
T-Pay:	E-Payment Anbieter
Cross-border:	Über Landesgrenzen hinaus
Digitale Güter:	Immaterielle Güter, die mit Hilfe von Informationssystemen erstellt wurden.

Materielle Güter:	Sachgüter oder Waren
Konsistenz:	Widerspruchfreiheit der Daten
Totalität:	absolutes Ideales
Informationelle Selbstbestimmungsrecht:	Recht des Einzelnen, grundsätzlich selbst über die Preisgabe und Verwendung seiner personenbezogenen Daten zu bestimmen.
Bonitätsprüfung:	Überprüfung der Kreditwürdigkeit
PayPerUse:	Bezahlung nach Benutzungsfrequenz
PerPerTime:	Abrechnung nach Dauer der Nutzung in vorgegebenen Einheiten
Abonnenment-Payment:	Abbrechung einer Leistung für einen vorbestimmten Zeitraum
Bundles:	Inklusiv-Pakete
Microchip:	Microelektronische Bauelemente, worauf Daten gespeichert werden können
Terminal:	Zugriff auf entfernte Computer
E-Bay:	Internet- Auktions- Anbieter
Online-Shoppen:	Einkaufen im Internet
Gambling:	Wettangebote
HTTP:	Übertragungsprotokoll von Daten über das Internet
SHTTP:	Verschlüsselte Übertragung von http
SSL:	Verschlüsselungsprotokoll für Datenübertragungen im Internet.
HBCI:	Sicherheitsstandard im E-Banking
Skype:	eine unentgeltlich erhältliche VoIP-Software
WAP:	Ansammlung von Protokollen, für den Datentransfer von Mobiltelefonen
UMTS:	Mobilfunkstandard der 3. Generation, zur Übertragung von größeren Datenmengen
Paybox:	M-Payment Dienstleister
JAMBA:	Anbieter für Klingeltöne und Mobiltelefon-Anwendungen
T-Mobile:	Deutscher Mobilfunkanbieter
O2:	Deutscher Mobilfunkanbieter
Vodafone:	Deutscher Mobilfunkanbieter
Moneybookers:	E-Payment Dienstleister

Deadline:	ein festgelegter Termin, bis zu dem etwas erledigt werden soll, oder Stichtag
High-Street-Geschäft:	Geschäft in den Haupteinkaufspassagen einer Stadt
KO-Kriterium:	Erfolgsentscheidendes Merkmal
DES:	Symmetrisches Verschlüsselungsprotokoll
RSA:	Asymmetrisches Verschlüsselungsprotokoll
Pinguin- Effekt:	Abwartende Haltung potentieller Nutzer

Anhang B : Fragebogen
Fragebogen: E-Payment-Systeme

Dieser Fragebogen wird anonym durchgeführt. Es werden keine personenbezogenen Daten erhoben. Das Ergebnis fließt in eine Bachelor-Arbeit ein. Vielen Dank für Ihre Mitarbeit.

Legende: (_) nur eine Antwort möglich
[_] mehrere Antworten möglich

1. Internetnutzung

1.1. Wie schätzen Sie Ihre Erfahrung mit dem Internet ein
(_) unerfahren
(_) wenig erfahren
(_) erfahren
(_) sehr erfahren

1.2 Wie nutzen Sie das Internet?
(_) überwiegend privat   (_) überwiegend beruflich

1.3 Wie sind Sie an das Internet angebunden?
(_) Analog
(_) ISDN
(_) DSL / Breitband
(_) Internet des Unternehmens / Universität
(_) Sonstige

1.4 Wie oft sind Sie durchschnittlich online?
(_) täglich mehrere Stunden
(_) täglich
(_) mehrmals pro Woche
(_) mehrmals pro Monat

1.5 Wofür nutzen Sie das Internet?
[_] Suche nach Informationen
[_] Kleinanzeigen
[_] Partnersuche
[_] Online-Shopping
[_] Online-Auktionen
[_] Online-Banking
[_] Nachrichten
[_] Email
[_] Spiele
[_] Sonstiges

1.6 Haben Sie im Zusammenhang mit dem Einkaufen im Internet schon einmal schlechte Erfahrungen gemacht?
(_) Ja   (_) Nein

1.7 Haben Sie im Zusammenhang mit dem Bezahlen im Internet schon einmal schlecht Erfahrung gemacht?
(_) Ja   (_) Nein

1.8 Welche Zahlungsmethoden kennen Sie oder haben Sie schon beim Einkaufen oder Bestellen über das Internet benutzt?

Zahlungsprinzip	Anbieter	bekannt und schon verwendet	bekannt und noch nicht verwendet	Unbekannt
Mobiltelefon	m-pay	(_)	(_)	(_)
	Handypay	(_)	(_)	(_)
	Digapay	(_)	(_)	(_)
Vorausbezahlte Systeme	Paysafecard	(_)	(_)	(_)
	Micromoney	(_)	(_)	(_)
	Geldkarte	(_)	(_)	(_)
	WEB.DE WEB.Cent	(_)	(_)	(_)
Inkasso-/Billing-Verfahren	Firstgate click&buy	(_)	(_)	(_)
	T-Pay	(_)	(_)	(_)
Kreditkarte	mit Prüfnummer	(_)	(_)	(_)
	mit SSL	(_)	(_)	(_)
Bezahlen per E-Mail	Paypal	(_)	(_)	(_)
	Moneybookers	(_)	(_)	(_)
Bankverbindung/ Girokonto	elektronische Lastschrift vom Händler initiiert	(_)	(_)	(_)
	Online Lastschrift	(_)	(_)	(_)
	Online Überweisung	(_)	(_)	(_)
	Papiergebundene Lastschrift	(_)	(_)	(_)
	Papiergebundene Überweisung	(_)	(_)	(_)
Nachnahme	Nachnahme	(_)	(_)	(_)
Sonstige		(_)	(_)	(_)
		(_)	(_)	(_)

2. Erwerb von Gütern über das Internet

2.1 Haben Sie schon Produkte über das Internet bestellt?
(Wenn „Nein", dann bei Frage 2.5 weiter)
(_) Ja   (_) Nein

2.2 Wo haben Sie Ihre Produkte bestellt?
(_) nur im Inland
(_) nur im Ausland
(_) Überwiegend im Inland
(_) Überwiegend im Ausland

2.3 Welche Arten von Gütern haben Sie bereits über das Internet gekauft?
[_] Musik (CDs etc)
[_] Filme (DVDS etc.)
[_] Entwicklung digitaler Bilder
[_] Computer Hardware/- Zubehör (Monitor, Speicherkarten, etc.)
[_] Computer Software oder Spiele
[_] Elektronische Geräte (Haushaltsgeräte, Fernseher, Handy, etc.)
[_] Kleidung- Sportartikel
[_] Gambling / Wetten
[_] Musik-Download
[_] Erotik
[_] Kontaktbörsen
[_] Zeitschriften, Artikel
[_] Sonstige

2.4 Warum haben Sie noch nie Güter über das Internet bestellt?
(Wenn bei Frage 2.1 mit „Nein" geantwortet wurde.)
(Markieren Sie bitte Ihre 3 wichtigsten Punkte.)
[_] Ware im Internet nicht billiger
[_] zu lange Lieferzeiten
[_] Ware nicht sichtbar/ prüfbar
[_] genügend Angebote in realen Geschäften
[_] fehlende Beratung/Service
[_] schwierige Reklamation

3. Akzeptanz

3.1 Was sollte getan werden, um Internetbezahlverfahren attraktiver zu machen?
(Die für Sie 3 Wichtigsten)
[_] Standardisierung
[_] mehr Informationen zu Internet-Bezahlsystemen
[_] mehr Informationen zu Fragen im Schadensfall
[_] Gutschriften für Erstnutzer
[_] Möglichkeiten zum Sammeln von Prämienpunkten
[_] _____

3.2 Welche Funktionen erleichtern Ihrer Meinung nach das gefühlte Vertrauen zum Bezahlen im Internet?
(Die für Sie 3 Wichtigsten)
[_] Hohe Sicherheitsstandards beim Datentransfer
[_] Treuhandservice bzw. Käuferschutz
[_] Weite Verbreitung
[_] Gütesiegel
[_] Möglichkeit über Landesgrenzen hinaus zu bezahlen
[_] Benutzerfreundlichkeit
[_] Absicherung im Schadensfall
[_] Anonymität, Gewährung des Datenschutzes
[_] _____

4. Demographie

4.1 Geschlecht
(_) Männlich (_) Weiblich

4.2 Wie alt sind Sie?
(_) unter 18
(_) 19 – 25 Jahre
(_) 26 – 36 Jahre
(_) 37 – 50 Jahre
(_) älter als 50

4.3 Welche Tätigkeit üben Sie aus?
(_) Schüler
(_) Auszubildender
(_) Student
(_) Angestellt
(_) Selbstständig
(_) Rentner